TABELA COM REMUNERAÇÃO PÚBLICA OBJETIVA E PROPORCIONAL

VICENTE ZANCAN FRANTZ

TABELA COM REMUNERAÇÃO PÚBLICA OBJETIVA E PROPORCIONAL

> Monografia apresentada ao curso de Pós-Graduação em Direito Público Lato Sensu como requisito parcial à obtenção do grau de especialista em Direito Público.
>
> **Universidade Cândido Mendes/Rede Juris**

Dedico este trabalho a todos os desfavorecidos pelo atual e injusto sistema de remuneração por serviço público prestado.

Agradeço a todas as pessoas que me oportunizaram sonhar, trabalhar, estudar e realizar esta pesquisa a qual, em suma, visa aplicar normas jurídicas contemporâneas para construção de um mundo melhor, diretamente na área pública e indiretamente na área privada.

RESUMO

Esta monografia sugere uma tabela objetiva e proporcional para remunerar por serviço público prestado com vínculo empregatício com o Estado. Esse método objetiva alterar o atual sistema de remuneração por serviço público prestado para haver adequação à Constituição Federal. Constatou-se que existem muitas greves tanto em razão de insatisfação de empregados quanto à remuneração recebida ou oferecida quanto em decorrência de insatisfação de empregadores quanto à remuneração paga ou exigida. Por isso, sugeriu-se a referida tabela e inclusive procedimentos legitimamente democráticos da forma mais direta possível para a definição do conteúdo desse método. Por fim, analisou-se que a adoção dessa tabela realizaria valores constitucionais supremos, como igualdade e segurança (art. 5º), adequação e proporcionalidade (Lenza, 2009), justiça e democracia (preâmbulo), moralidade, publicidade e eficiência (art. 37), tornando, enfim, adequado o pagamento de pessoal à Constituição Federal e realizando o Estado Democrático de Direito contemporâneo.

Palavras-chave: tabela com remuneração pública objetiva e proporcional, greves, remuneração de servidores públicos, salário, subsídio, isonomia.

SUMÁRIO

INTRODUÇÃO

1. QUESTÕES PONTUAIS ACERCA DA REMUNERAÇÃO POR SERVIÇO PÚBLICO

1.1 Definição de serviço público, de servidor público e de funcionário público

1.2 Alguns aspectos históricos acerca do serviço público

1.3 Insatisfação de empregados quanto à remuneração recebida ou oferecida

1.4 Insatisfação de empregadores quanto à remuneração paga ou exigida

1.5 Greves

1.6 Sistema jurídico brasileiro atual para fixação de remuneração por serviço público prestado por pessoa física que com o Estado tem vínculo empregatício

1.7 Efeitos teóricos e práticos do atual sistema

2. REMUNERAÇÃO PÚBLICA PROPORCIONAL

2.1 Alteração no atual sistema de remuneração por serviço público prestado como adequação à Constituição Federal

2.1.1 *Mutação Constitucional: a hermenêutica fundamenta a tabela proposta*

2.2 Tabelas exemplificativas para remuneração pública proporcional

2.3 Possíveis procedimentos de definição das Tabelas para remuneração pública proporcional

2.4 Efeitos teóricos e práticos de definição das Tabelas para remuneração pública proporcional

CONCLUSÃO

REFERÊNCIAS

INTRODUÇÃO

A presente pesquisa intitula-se "Tabela com Remuneração Pública Objetiva e Proporcional", fazendo-se alusão ao seu conteúdo: um método para definir a quantia e o critério para se remunerar o serviço público prestado com vínculo empregatício que, aplicado, torna adequado o pagamento de pessoal à Constituição Federal e realiza o Estado Democrático de Direito contemporâneo.

A ideia deste trabalho surgiu a partir da constatação de que na prática a prestação de serviço público com vínculo empregatício é remunerada sem observância de valores supremos da Constituição Federal: igualdade e segurança (art. 5º), adequação e proporcionalidade (Lenza, 2009), justiça e democracia (preâmbulo), moralidade, publicidade e eficiência (art. 37).

Constatou-se que o critério atualmente utilizado para remunerar por serviço público prestado causa insatisfação de empregados, de empregadores, gera muitas greves e prejuízos individuais e sociais.

Por isso, após a análise do sistema jurídico brasileiro atual para fixação de remuneração por serviço público prestado por pessoa física que com o Estado tem vínculo empregatício, pretende-se sugerir alterações legislativas e hermenêuticas, com a criação de uma tabela com remuneração pública objetiva e proporcional.

Além disso, pretende-se sugerir procedimentos para a definição dessa tabela, bem como se estimar os efeitos teóricos e práticos que seriam gerados com tal alteração jurídica.

1. QUESTÕES PONTUAIS ACERCA DA REMUNERAÇÃO POR SERVIÇO PÚBLICO

1.1 Definição de serviço público, de servidor público e de funcionário público

A definição de serviço público não é unívoca. A doutrina brasileira diverge acerca desse conceito, por exemplo, com alguns considerando que se trata de toda atividade prestada pelo Estado, outros o restringindo a toda atividade material, outros ainda se posicionando por ser toda atividade prestada pelo Estado com finalidades específicas:

> Os doutrinadores pátrios apresentam diferentes conceitos de serviço público, cada um enfatizando elementos conceituais distintos. José dos Santos Carvalho Filho: "toda atividade prestada pelo Estado ou por seus delegados, basicamente sob regime de direito público, com vistas à satisfação de necessidades essenciais e secundárias da coletividade".1 Maria Sylvia Zanella Di Pietro: "toda atividade material que a lei atribui ao Estado para que a exerça diretamente ou por meio de seus delegados, com o objetivo de satisfazer concretamente às necessidades coletivas, sob regime jurídico total ou parcialmente público". 2 Hely Lopes Meirelles: "serviço público é todo aquele prestado pela Administração ou por seus delegados, sob normas e controles estatais, para satisfazer necessidades sociais essenciais ou secundárias da coletividade ou simples conveniências do Estado". 3 Celso Antônio Bandeira de Mello: "serviço público é toda atividade de oferecimento de utilidade e comodidade material destinada à satisfação da coletividade em geral, mas fruível singularmente pelos administrados, que o Estado assume como pertinente a seus deveres e presta por si mesmo ou por quem lhe faça as vezes, sob regime de Direito Público – portanto, consagrador de prerrogativas de supremacia e

de restrições especiais –, instituído em favor dos interesses definidos como públicos no sistema normativo" (MAZZA, 2012, p. 600).

O conceito de servidor público igualmente é objeto de divergência. Como ensina a autora Di Pietro:

> A Constituição de 1988, na seção II do capítulo concernente à Administração Pública, emprega a expressão "Servidores Públicos" para designar as pessoas que prestam serviços, com vínculo empregatício, à Administração Pública direta, autarquias e fundações públicas. (...) No entanto, na seção I, que contém disposições gerais concernentes à Administração Pública, contempla normas que abrangem todas as pessoas que prestam serviços à "Administração Pública direta e indireta", o que inclui não só as autarquias e fundações públicas, como também as empresas públicas, sociedades de economia mista e fundações de direito privado. Na seção III, cuida dos militares dos Estados, do Distrito Federal e dos Territórios. Isso significa que "servidor público" é expressão empregada ora em sentido amplo, para designar todas as pessoas físicas que prestem serviços ao Estado e às entidades da Administração Indireta, com vínculo empregatício, ora em sentido amplo, que exclui os que prestam serviços às entidades com personalidade jurídica de direito privado. Nenhuma vez a Constituição utiliza o vocabulário "funcionário", o que não impede seja este mantido na legislação ordinária (DI PIETRO,

2003, p. 430).

Após tais ponderações, Di Pietro conclui que "São servidores públicos, em sentido amplo, as pessoas físicas que prestam serviços ao Estado e às entidades da Administração Indireta, com vínculo empregatício e mediante remuneração paga pelos cofres públicos" (2003, p. 433). Essa visão abrangeria os servidores estatutários, os empregados públicos e os servidores temporários.

O termo "funcionário público", por sua vez, na Constituição Federal de 1988 foi substituído por "servidor público". Mesmo assim, segue sendo usado em legislação esparsa, a exemplo do Código Penal, que em seu art. 327 define:

> Considera-se funcionário público, para os efeitos penais, quem, embora transitoriamente ou sem remuneração, exerce cargo, emprego ou função pública. § 1º - Equipara-se a funcionário público quem exerce cargo, emprego ou função em entidade paraestatal, e quem trabalha para empresa prestadora de serviço contratada ou conveniada para a execução de atividade típica da Administração Pública (BRASIL, 2016).

Como nossa pesquisa tem o objetivo de analisar a (in)adequação jurídica da remuneração por determinados trabalhos prestados ao ente estatal, consideraremos estes serviço público de forma ampla, como toda atividade profissional decorrente de vínculo empregatício realizada por pessoa física ao Estado, de forma contínua e mediante pagamento – seja por quem, dependendo do conceito adotado, for enquadrado como alguma espécie de servidor ou funcionário público.

1.2 Alguns aspectos históricos acerca do serviço público

Na Roma Antiga, os Servidores do Estado, investidos de autoridade, eram as pessoas que, por qualidades morais, representavam a *Polis* (cidade), segundo Boscardin (2011). Essa mesma autora apurou que

> No Brasil, o funcionário Público fez-se presente desde o seu descobrimento. Pero Vaz de Caminha, os Governadores Gerais e os Juízes são exemplos de funcionários públicos. O serviço público no Brasil teve origem em 1808, com a chegada de D. João VI e sua família real, além das centenas de funcionários, criados, assessores e pessoas ligadas à Corte portuguesa que vieram com ele e se instalaram no Rio de Janeiro. (...) Em termos gerais, portanto, o funcionário público é aquele profissional que trabalha diretamente para o governo federal, estadual ou municipal. (...) Um dos primeiros documentos consolidando as normas referentes aos funcionários públicos foi o Decreto 1.913 de 28 de Outubro de 1939. Por esse motivo, no ano de 1943, o Presidente Getúlio Vargas institui o dia 28 de Outubro como o Dia do Funcionário Público. Em 11 de dezembro de 1990, veio a Lei 8.112, que alterou grande parte das disposições do Decreto-Lei 1.713/39 e substituiu o termo funcionário público por servidor público e passou a ser considerado o novo Estatuto dos Servidores Públicos Civis da União. Esta lei inovou por englobar os também Servidores Públicos Civis das autarquias e das fundações públicas federais, entes pertencentes à administração pública indireta, mas que realizam atividades típicas da administração, prestando serviços públicos. (...) Os direitos e deveres dos servidores públicos estão definidos e estabelecidos na Constituição Federal de

1988, a partir do artigo 39. (BOSCARDIN, 2001, p. 2-3).

Nesse mesmo sentido, conta o dirigente sindical SOUZA:

> O serviço público no Brasil teve origem em 1808, quando a família real se instalou no Rio de Janeiro. A partir daí é que se iniciou o processo de tomada de consciência da importância do trabalho administrativo, diante da necessidade de promover o desenvolvimento da então colônia, de acordo com a diplomacia real. Proclamada a independência o Brasil virou Império, depois República e, ao longo da história política do país, sempre estavam presentes os Funcionários Públicos, ajudando a administrar a máquina que impulsiona o desenvolvimento da nação brasileira. (...) A definição do eminente doutrinador Dalmo Dallari em conceituar Estado como "a ordem jurídica soberana que tem por fim o bem comum de um povo situado em determinado território", é a mais adequada para a presente pesquisa.
> Chega-se à conclusão que o servidor público não somente faz parte da Administração Pública, ele efetivamente é o Estado, ente abstrato, devendo ser representado por pessoas físicas, que exercerão seu cargo ou função visando ao interesse público e ao bem comum.
> O Estado e seus órgãos públicos são, pois, entidades reais, porém abstratas (seres de razão), não possuindo vontade nem ação, no sentido de vida psíquica ou anímica próprias, as quais somente os seres biológicos podem possuí-las (SOUZA, 2013).

1.3 Insatisfação de empregados quanto à remuneração recebida

Inicialmente, neste ponto, um esclarecimento precisa ser feito. Embora exista diferença técnica entre os conceitos de salário, remuneração, vencimento, subsídio etc., esta pesquisa utiliza o termo "remuneração" em sentido amplo, abrangendo essas referidas e todas as demais formas possíveis de se pagar o serviço público prestado. Este, como já esclarecido, considerado de forma ampla, como toda atividade profissional decorrente de vínculo empregatício realizada por pessoa física ao Estado, de forma contínua e mediante pagamento.

A remuneração por trabalho prestado é um dos temas mais polêmicos da História. Prova disso, por exemplo, são as inúmeras, diversas e sempre existentes greves e manifestações de todas as categorias e grupos profissionais imagináveis.

A revista virtual Infomoney (2008) publicou matéria segundo a qual especialistas opinam fundamentadamente que "Cometer injustiças, permitindo privilégios, dando tratamento preferencial a alguns funcionários ou praticando uma remuneração injusta, tanto na comparação interna quando na comparação com outras empresas" é uma das principais causas de insatisfação de empregados.

Outra revista virtual, a Comunidade Hardware (2011), publicou dados de pesquisa feita com mais de três mil pessoas em vinte e nove países, incluindo o Brasil, segundo a qual, em média, 45% das pessoas empregadas aponta a má remuneração como a principal causa de insatisfação no trabalho.

A Ordem dos Advogados do Brasil – Seccional do Maranhão publicou artigo informando que, após análise de documentos publicados pela Secretaria de Recursos Humanos do Ministério do Planejamento, verificou que, em 2010, no Poder Executivo Federal a maior remuneração equivalia a 63 salários mínimos. Esse artigo ainda menciona que "O demonstrativo das maiores e menores remunerações das funções é determinado pelo Decreto 3.529, de 2000, e tem o objeto de subsidiar a avaliação e estudos permanentes para adequações e correções no sistema remuneratório dos servidores" (ORDEM DOS ADVOGADOS DO BRASIL – SECCIONAL DO MARANHÃO, 2016).

Em 2011, publicou-se que, em média, o servidor do Judiciário e o do Legislativo ganhava o dobro do lotado no Executivo, por razões diversas dos critérios definidos em legislação pertinente:

> Enquanto o Congresso Nacional segue votando projetos de lei que aumentam salários de funcionários públicos dos Três Poderes e irão gerar despesas adicionais de bilhões de reais nos próximos anos, levantamento do Contas Abertas mostra que, em média, o servidor do Judiciário e o do Legislativo ganham o dobro do lotado no Executivo. A União gasta, em média, R$ 13.290 com a remuneração dos 119 mil servidores federais do Judiciário, R$ 12.516 com os quase 36 mil servidores do Legislativo (Câmara, Senado e Tribunal de Contas da União) e apenas R$ 5.599 com os cerca de 1,8 milhão de servidores do Executivo. (...) Os dados são do boletim de pessoal elaborado pelo Ministério do Planejamento. (ASSOCIAÇÃO NACIONAL DOS ANALISTAS JUDICIÁRIOS DA UNIÃO, 2016).

Tabela com remuneração pública objetiva e proporcional – Vicente Zancan Frantz

Também em 2011 essa mesma pesquisa fez levantamento que mostrou aumento de remuneração de servidores federais de um Poder e não de outro:

> As diferenças salariais vêm desde pelo menos 1995, conforme mostra o boletim de pessoal. No entanto, é possível observar que houve mudança significativa na despesa média com os servidores do Judiciário (R$ 2.728), que ganhavam menos do que no Legislativo (R$ 3.924). Em outras palavras, nos últimos 16 anos, os funcionários do Judiciário tiveram um dos melhores avanços salariais do funcionalismo público do país. (...) A reportagem entrou em contato com órgãos dos Três Poderes para saber a posição de cada um deles a respeito das diferenças nas remunerações. O Ministério do Planejamento informou, por meio de sua assessoria de imprensa, que o governo federal só tem competência para estabelecer a remuneração dos servidores do Poder Executivo. "Os demais poderes têm autonomia plena e não nos cabe fazer comentários sobre a remuneração de seus servidores", afirmou. Já o Supremo Tribunal Federal (STF) limitou-se a informar que o analista técnico Judiciário tem salários iniciais e finais menores do que os pagos a cargos como analista do Banco Central, delegado de Polícia Federal, auditor fiscal do trabalho e da Receita, diplomata, auditor federal de controle interno, entre outros (ASSOCIAÇÃO NACIONAL DOS ANALISTAS JUDICIÁRIOS DA UNIÃO, 2016).

Ainda, esse rico trabalho de 2011 referido, que revela justamente a insatisfação fundamentada de servidores públicos por sua remuneração, registrou a ocorrência de fatos que evidenciam que, na prática, as normas jurídicas são superadas pela força política de cada grupo, classe ou categoria profissional:

Os salários dos servidores públicos federais foram e continuam sendo temas de debate nos últimos meses no Congresso. Recentemente, parlamentares aprovaram aumento de salários e gratificações para mais de 30 mil servidores do Executivo, 15% de reajuste para funcionários do quadro da Câmara e 35% para servidores do Senado. Ainda está em tramitação proposta que reajusta em 57% o vencimento dos servidores do Judiciário. (...) O ministro explicou que a situação do Executivo e do Judiciário é diferente. No Executivo, qualquer acordo feito agora pode não ser cumprido pelo próximo governo. Porém, no Judiciário, como não haverá mudança de dirigente, qualquer acordo para os próximos anos pode ser cumprido. (...) Para o economista especializado em contas públicas Raul Velloso, que foi secretário de Assuntos Econômicos do Ministério do Planejamento no começo dos anos 90, as diferenças salariais entre o Legislativo e Judiciário com o Executivo estão relacionados à autonomia financeira e administrativa dos poderes, prevista na Constituição. "Eles [Legislativo e Judiciário] mandam a conta para a União pagar. Como são independentes, têm mais força para impor salários mais altos. Não são eles que geram e brigam por recursos. No Executivo, que tem um peso muito maior, há brigas pela distribuição da verba. Por isso, eles [Executivo] têm de administrar os recursos". (...) Ou seja, alguns setores estão ganhando muito e outros não estão ganhando tanto, finaliza (ASSOCIAÇÃO NACIONAL DOS ANALISTAS JUDICIÁRIOS DA UNIÃO, 2016).

Esses fatos relatados, buscados na internet, de forma breve revelam os bastidores dos aumentos de remuneração por serviço público: força política de cada grupo, desigualdade de tratamento por cada categoria recebido do Estado, reivindicações constantes e concorrentes.

1.4 Insatisfação de empregadores quanto à remuneração paga ou exigida

Da mesma forma que geralmente empregados querem ganhar mais, quase sempre empregadores querem pagar menos ou, no mínimo, afirmam não ter condições de conceder melhoria remuneratória aos seus empregados. Por este prisma, o mesmo relato em tópico anterior que nos permitiu visualizar insatisfação de empregados também revelou essa dita insatisfação de empregadores:

> O presidente Lula avisou nos últimos dias que acabou a temporada de reajustes salariais de servidores públicos que não estejam previstos no orçamento de 2010, diante das várias propostas que tramitam no Congresso, inclusive de servidores parlamentares. "Eu estou no meu juízo perfeito, e com minha cabeça muito boa, para não permitir nenhuma sandice nesse país", disse, acrescendo que não é por estarem em período eleitoral "que as pessoas devem perder o senso de responsabilidade". O ministro do Planejamento, Paulo Bernardo, também já reiterou que não há previsão orçamentária para um reajuste do Judiciário neste ano. Disse que dificilmente o governo teria condições de encaixar uma despesa neste montante. Segundo ele, a possibilidade será discutir na comissão uma solução para o próximo ano (ASSOCIAÇÃO NACIONAL DOS ANALISTAS JUDICIÁRIOS DA UNIÃO, 2016).

Em 2015, o governo federal ficou insatisfeito com a aprovação da Proposta de Emenda Constitucional (PEC) nº 443/2009, em primeiro turno na Câmara dos Deputados, concedendo aumento a algumas categorias de servidores públicos de forma vinculada ao subsídio dos Ministros do

Supremo Tribunal Federal, como já existe com relação a outras carreiras. Uma matéria, intitulada "PEC que eleva salários de servidores tira o sono do governo Dilma", resume bem o ocorrido:

> Proposta que vincula ganhos de diversas carreiras de servidores aos vencimentos de ministros do STF é aprovada na madrugada desta quinta-feira na Câmara. Gasto adicional pode chegar a R$ 23 bi por ano. (...) O texto vincula aos vencimentos de ministros do Supremo Tribunal Federal (STF) os salários de advogados da União, dos estados e dos municípios; de delegados da Polícia Federal e de polícias civis estaduais; e de outras carreiras do serviço público federal. (...) Antes da votação, os deputados rejeitaram a emenda aglutinativa que incluía auditores fiscais da Receita e do Trabalho entre as categorias que teriam o salário vinculado ao teto dos ministros do Supremo. (...) Segundo Cabral, a exclusão dos auditores da Receita provoca um "problema institucional". Ele discorda de que a aprovação do aumento salarial vá agravar a crise fiscal. "A Receita é parte da solução, não do problema, pois é responsável pela arrecadação. Com maior estímulo, os auditores vão arrecadar mais." Para as entidades que representam os juízes, porém, o aumento é injusto. "Com essa PEC, as carreiras relacionadas do Poder Executivo buscam a equiparação remuneratória com a magistratura e o Ministério Público, sem arcar com os ônus", afirma nota conjunta da Associação dos Juízes Federais do Brasil (Ajufe) e da Associação Nacional dos Magistrados Federais (Anamatra). Para as entidades, a equiparação contraria a separação entre os poderes estabelecida na Constituição na forma de cláusula pétrea (PINTO, 2016).

Mariana Oliveira, da TV Globo, em 2015 noticiou que a Presidente da República vetou reajuste de até 78,5% a servidores do Judiciário Federal, bem como que este pressionava autoridades para obter aumento maior do que o a ser concedido ao Executivo:

> Diretor do Supremo responsável por negociação diz que procurará governo.
> Presidente Dilma vetou reajuste de até 78,5% para servidores do Judiciário. (...) Segundo Amarildo Vieira, as negociações estavam sendo realizadas entre Supremo e governo até que o Senado aprovou, em 30 de junho, o projeto de reajuste devido à pressão e à "precipitação" das entidades sindicais. (...) Além disso, o governo também concordou que os servidores do Judiciário estavam com maior defasagem salarial e teriam "tratamento diferenciado". (...) O diretor do Supremo informou ainda que o Judiciário não aceitará receber o mesmo reajuste do Executivo, de 21,3% divididos em quatro anos. "Já há consenso de que teremos tratamento diferenciado", afirmou. Segundo Vieira, o Planejamento reconhece que, diferentemente dos servidores do Executivo, os servidores do Judiciário não receberam nenhum aumento entre 2009 e 2012 (OLIVEIRA, 2016).

Como se denota, este ponto elenca mais fatos inequívocos de que existe contínua divergência entre empregados e empregadores acerca da remuneração por serviço público prestado.

1.5 Greves

De modo geral, o art. 162 da Constituição Federal anterior à de 1988 vedava greve em serviços públicos e em atividades essenciais definidas em lei (Di Pietro, 2003, p. 459).

Ensina Mazza (2012, p. 470) que

> O art. 37, VII, da Constituição Federal, assegura aos servidores públicos o direito de greve a ser exercido nos termos e nos limites definidos em lei específica. Como ainda não foi promulgada tal lei, considera-se que a referida norma é de eficácia limitada, podendo ser futuramente restringido o alcance do dispositivo pelo legislador infraconstitucional. Enquanto não houver a referida lei, aplicam-se as disposições concernentes ao direito de greve na iniciativa privada, nos termos da Lei n. 7.783/89.

Complementa Di Pietro (2003, p. 459-460) que o art. 42 da Constituição Federal proíbe greve para servidor militar e para membros das Forças Armadas. Escreve, ainda, que a ausência de lei específica regulamentando greve no serviço público (como descrito por Mazza) decorre do impedimento de servidores públicos efetuarem negociação coletiva - como o é permitido à iniciativa privada, entre outras normas, por força do art. 114 da Constituição Federal. Desse modo, a sindicalização no serviço público teria efeito "apenas" para exercer pressão nos governos e não para uma negociação formal cujo impasse poderia ser julgado pelo Judiciário.

Recentemente, em 26/10/2015, o Ministro Barroso, do Supremo Tribunal Federal, julgou que, mesmo diante de lei específica pertinente, cabe aos Tribunais de Justiça decidir sobre greve no serviço público:

> O ministro Barroso apontou que, ao julgar os MIs 670 e 708, o STF determinou a aplicação aos servidores públicos do previsto na Lei 7.783/1989 para sanar omissão legislativa em

regulamentar o artigo 37, inciso VII, da Constituição Federal. "Na oportunidade, em paralelo à atribuição dos tribunais trabalhistas para julgar dissídio coletivo de greve de empregados celetistas, foi fixada a competência dos Tribunais de Justiça, dos Tribunais Regionais Federais e do Superior Tribunal de Justiça para decidir sobre greves de servidores públicos", observou (BARROSO, 2015).

Acreditamos que a mencionada proibição de greve no serviço público até 1988 e em 2016 a ausência da lei específica exigida pelo inciso VII do art. 37 da Constituição Federal revela a intenção do legislador de restringir ao máximo a greve nesse setor, que geralmente é tido como essencial à qualidade de vida da população. E essa vontade contida na legislação, diante das crescentes greves no setor público, acaba exigindo adequação jurídica dessas reivindicações – o que pensamos ser possível com duas tabelas objetivas e proporcionais de remuneração por serviço público, proposta ao fim desta pesquisa.

De uma forma ou outra, à parte essa questão jurídica da greve no serviço público, registramos que naturalmente com elas existem incalculáveis prejuízos individuais e sociais, como nos casos em que cidadãos deixam de ser atendidos e naqueles que causam prejuízo ao erário por se pagar por serviço público não prestado.

1.6 Sistema jurídico brasileiro atual para fixação de remuneração por serviço público prestado por pessoa física que com o Estado tem vínculo empregatício

Por força da combinação do art. 39, §3º e do art. 7º, VII, da Constituição Federal, os servidores públicos estatutários têm garantia de salário, nunca inferior ao mínimo, para os que percebem remuneração variável (Brasil, 2016). Por outro lado, em teoria, há um teto remuneratório:

> A Constituição Federal de 1988, inovando em relação aos textos constitucionais anteriores, definiu um limite máximo para a remuneração de quaisquer agentes públicos. Tal limite tem sido chamado de teto remuneratório. Após diversas alterações promovidas da redação original, o teto remuneratório atual está previsto no art. 37, XI, da Constituição Federal, com redação dada pela Emenda Constitucional n. 41/2003: "a remuneração e o subsídio dos ocupantes de cargos, funções e empregos públicos da administração direta, autárquica e fundacional, dos membros de qualquer dos Poderes da União, dos Estados, do Distrito Federal e dos Municípios, dos detentores de mandato eletivo e dos demais agentes políticos e os proventos, pensões ou outra espécie remuneratória, percebidos cumulativamente ou não, incluídas as vantagens pessoais ou de qualquer outra natureza, não poderão exceder o subsídio mensal, em espécie, dos Ministros do Supremo Tribunal Federal, aplicando-se como limite, nos Municípios, o subsídio do Prefeito, e nos Estados e no Distrito Federal, o subsídio mensal do Governador no âmbito do Poder Executivo, o subsídio dos Deputados Estaduais e Distritais no âmbito do Poder Legislativo e o subsídio dos Desembargadores do Tribunal de Justiça, limitado a noventa inteiros e vinte e cinco centésimos por cento (90,25%) do subsídio mensal, em espécie, dos Ministros do Supremo Tribunal Federal, no âmbito do Poder Judiciário,

aplicável este limite aos membros do Ministério Público, aos Procuradores e aos Defensores Públicos". Assim, o teto remuneratório geral aplicável a todas as esferas federativas é a remuneração dos ministros do Supremo Tribunal Federal (MAZZA, 2012).

O mesmo autor adverte acerca da polêmica exclusão de verbas desse teto:

> Entretanto, a doutrina e a jurisprudência vêm excluindo do teto remuneratório, com fundamento em diversos dispositivos legais, certos valores pagos ao agente público. Assim, são exceções ao teto remuneratório: a) verbas indenizatórias; b) remuneração decorrente de cargos públicos de magistério constitucionalmente acumuláveis; c) benefícios previdenciários; d) atuação como requisitado de serviço pela Justiça Eleitoral; e) exercício temporário de função cumulativa (MAZZA, 2012, p. 471).

Neste trabalho em que se reflete acerca da adequação da remuneração de servidores, é importante mencionar que a emenda constitucional nº 19 de 1998 revogou da Constituição Federal a necessidade de isonomia de vencimentos no serviço público. Porém, segundo Di Pietro (2003, p. 447), isso não impede que servidores pleiteiem direito à isonomia com base no caput e no inciso I do art. 5º da Constituição.

Ademais, o atual art. 37, XIII, que revogou texto com isonomia em remuneração pública, foi acrescentado pela Emenda Constitucional nº 19/98 e pode ser revogado ou inclusive julgado inconstitucional diante da cláusula pétrea de igualdade do art. 5º.

Esse valor de igualdade também está contido em outros dispositivos constitucionais, como teto de vencimento para os servidores dos três Poderes (art. 37, XI), revisão anual da remuneração, sempre na mesma data e sem distinção de índices (art. 37, X) e vencimentos no Legislativo e no Judiciário não superiores aos pagos pelo Executivo (art. 37, XII).

Em que pese no Direito Administrativo ser regra geral competência comum do Executivo e do Legislativo para iniciativa de projetos de lei (Mazza, 2012, p. 58), segundo o § 1º do art. 61 da Constituição Federal são de iniciativa reservada ao Presidente da República as leis que disponham sobre remuneração na Administração direta e indireta, salvo de entidades que não receberem verbas públicas para custeio de pessoal – como algumas sociedades de economia mista e empresas públicas -, bem como as que fixem o efetivo das Forças Armadas (Brasil, 2016). Nas esferas estadual e municipal se aplica por simetria essa regra.

Aliás, resume bem Di Pietro:

> Com relação à fixação e alteração da remuneração dos servidores públicos, só pode ser feita por lei específica, observada a iniciativa privativa em cada caso, conforme o art. 37, inciso X, na redação dada pela Emenda Constitucional nº 19/98. A iniciativa das leis é repartida entre o chefe d Executivo (art. 61, §1º, II, a), Tribunais (art. 96, II, b), Ministério Público (art. 127, §2º) e Tribunal de Contas (art. 73, combinado com o art. 96). Cada um desses órgãos remete ao Legislativo projeto de lei, seja de criação de cargos, seja de fixação de vencimentos se seus servidores, devendo todos observar os limites estabelecidos para os

servidores do Executivo (art. 37, XII).

1.7 Efeitos teóricos e práticos do atual sistema

Como vimos, o atual sistema para fixação de remuneração por serviço público prestado por pessoa física que com o Estado tem vínculo empregatício é caracterizado por normas constitucionais que garantem privilégios para os grupos profissionais com mais poder político, como o dos juízes. No caso destes, o aumento dado a um (ex: STF) gera aumento igual e proporcional aos demais (ex: STJ, TJs).

O atual sistema também é caracterizado por ampla liberdade para se definir a remuneração dos demais servidores, como se verifica do §1º do art. 39 da Constituição Federal – que, repete-se, retirou do texto do art. 39 a isonomia anteriormente nele prevista:

> Art. 39. A União, os Estados, o Distrito Federal e os Municípios instituirão conselho de política de administração e remuneração de pessoal, integrado por servidores designados pelos respectivos Poderes.
> § 1º A fixação dos padrões de vencimento e dos demais componentes do sistema remuneratório observará:
> I - a natureza, o grau de responsabilidade e a complexidade dos cargos componentes de cada carreira;
> II - os requisitos para a investidura;
> III - as peculiaridades dos cargos.

Tais critérios teóricos são tão acentuadamente subjetivos que, na prática, é como se obedecessem à seguinte regra hipotética: "fixação de remuneração conforme a vontade política da autoridade competente para tanto, influenciada ou não por grupos sociais diversos e desde que entre salário mínimo e teto remuneratório".

Teoricamente, essa liberdade do art. 39 seria útil para não onerar os cofres públicos com aumento a todos os servidores; na prática, o cofre público é esvaziado para beneficiar apenas alguns grupos de servidores.

Noutras palavras, essa quase total liberdade pra fixação de remuneração visaria permitir à autoridade competente aumentar os ganhos apenas de uma categoria de servidores para adequá-los aos critérios do art. 39, sem necessariamente conceder aumento às demais, gerando economia ao Cofre Público. Porém, na prática, tais critérios subjetivos são usados tão somente para legalizar aumentos livremente concedidos a apenas alguns grupos de servidores.

Por exemplo, vejamos os critérios do art. 39 "aplicados" a professores de universidade federal e a técnicos do INSS, em 2016, por 40 horas de trabalho semanais. Segundo editais publicados e de acordo com realidade brasileira de conhecimento público e notório, professores universitários têm esta remuneração inicial:

> A remuneração de professor substituto em regime de 40 horas semanais será a seguinte: Graduação: R$ 2.814,01, Graduação com Especialização: R$ 3.184,73, Graduação com Mestrado: R$ 3.799,70; Graduação com Doutorado: R$ 5.143,41. O valor do Auxílio Alimentação será de R$ 458,00 (UNIVERSIDADE FEDERAL DO PARANÁ, 2016).

E técnicos do INSS, com mero Ensino Médio, têm remuneração inicial de R$ 4.886,87 (INSS, 2016). Leia-se: cidadãos da mesma República Democrática de Direito, com base nos mesmos critérios teóricos, obtêm remuneração extremamente desproporcional e sem observar os critérios do citado art. 39 da Constituição: com Ensino Médio, para trabalho burocrático e sem maior responsabilidade, ganham R$ 4.886,97; porém com anos a mais de instrução, com responsabilidade bem maior, de ensinar, avaliar e constantemente se qualificar, ganham R$ 2.814,01, a saber, 58% desse grupo do INSS.

Frise-se que essa ilustrada desproporcionalidade ocorre do mesmo modo entre várias outras categorias profissionais, com ocupantes de cargos que exigem Ensino Fundamental ganhando mais do que outros servidores de quem se exige doutorado, por exemplo.

Ilustramos a realidade brasileira díspar somente com esses dois casos, específicos descritos (professores x técnicos do INSS), mas todos vemos diariamente através da imprensa que são inúmeros os caos com essa desproporcionalidade. Aliás, acerca de remuneração, como ora tratado, a característica mais marcante não é a do art. 39 da Carta Magna e sim obscura desigualdade.

Notícias desse gênero são públicas e notórias, porquanto publicadas diariamente na imprensa (PCI CONCURSOS, 2016): existe discrepante desigualdade entre servidores com a mesma formação, prestando serviço ao mesmo ente federativo, com atuação profissional idêntica ou quase igual que, por trabalharem em setores diferentes, são remunerados de modo muito desigual.

É o que se verifica, também, com um cidadão formado em Direito assessorando promotor no Ministério Público e outro cidadão formado em Direito assessorando juiz no Judiciário. Juízes e promotores do mesmo ente federativo geralmente recebem subsídio igual, mas seus assessores têm remuneração bastante diferente, com alguns recebendo mais do que o dobro de outros. O mesmo acontece Brasil a fora entre esses mencionados órgãos e outros como procuradorias, tribunais de contas etc. E em outros órgãos públicos profissionais de outras áreas vivenciam os mesmo fatos (PCI CONCURSOS, 2016).

Outro efeito prático do atual sistema é a insegurança. Esta ocorre para o servidor que ingressa em um cargo público bem remunerado e depois fica anos sem receber aumento, enquanto outros que eram menos remunerados o passam nesse quesito. E a sociedade também fica insegura quanto ao uso de seu dinheiro: servidores inicialmente menos qualificados e remunerados fazem pressão política e com isso conseguem grande aumento, que se tivesse sido oferecido desde antes teria atraído ao concurso público respectivo cidadãos bem melhor qualificados.

Isto é: sobram exemplos pra se constatar que, na prática, para uns (ex: juízes) se garante organização, transparência, segurança, igualdade (isonomia), enquanto para outros impera a "guerra de todos contra todos", cada grupo constantemente pleiteando aumento, de modo que uns conseguem e outros não, dependendo da obscura vitória política do grupo e não dos critérios constitucionalmente estabelecidos.

Na visão de quem considera que organização, transparência, segurança, igualdade (isonomia) etc. deveriam existir para todos os cidadãos que prestam serviço público, com a diferença sendo "apenas" o valor da remuneração segundo os critérios do art. 39 da Carta, existe profunda injustiça. Diga-se de passagem, pensamos, inclusive, que se trata de resquício do sistema monárquico, com a coisa teoricamente pública na prática tendo donos.

O critério de força política para fixar remunerações é tão inequívoco que os mais beneficiados, como juízes e promotores, muito embora sejam igualmente cidadãos que prestaram concurso pra servir ao público, juridicamente se denominam "membros de poder" e não "servidores". Através desse meio, garantem para si privilégios variados: entre inúmeros outros, vitaliciedade (art. 95, I, da Constituição Federal) e inclusive possibilidade de receber acima do teto remuneratório aplicável aos demais cidadãos que por meio de concurso público servem à sociedade.

O que excede ao teto e se pode receber "regularmente", segundo julgou o próprio Judiciário (em liminar pelo STF concedida na ADI nº 3854-1) ou mesmo passou a constar na legislação (a exemplo do art. 37, §11, da Constituição, acrescentado pela EC nº 47/2005), entre outros, são os seguintes benefícios: verbas indenizatórias, como auxílio-moradia, mesmo que os demais cidadãos concursados também gastem para morar, mas tenham que se submeter ao teto remuneratório, e mesmo que habitação seja direito fundamental, portanto, teoricamente igual a todos os filhos da mesma República; remuneração decorrente de cargos públicos de magistério acumuláveis, mesmo que tais cargos sejam para 40 horas de trabalho semanais, que o outro cargo seja também de 40 horas por semana e que naturalmente se observe que essas pessoas não trabalhem 80 horas nesse curto período, ainda mais aqueles profissionais que também escrevem livros, dão aulas e palestras na iniciativa privada etc.

No fim das contas, perdem os grupos que tentam e não conseguem aumento. Igualmente perde bastante a sociedade brasileira, que paga altos tributos para empregar servidores públicos que, insatisfeitos, não produzem como o fariam se estivessem satisfeitos, seja por desmotivação, por greves formais ou informais, por inviabilidade de se qualificar melhor. Perde a sociedade brasileira, ainda, ao pagar remuneração alta, inclusive acima do teto, para profissionais cuja qualificação e dedicação é a mesma de outros cidadãos que aceitariam realizar o mesmo trabalho por bem menos dinheiro.

Neste ponto, a propósito, uma curiosa observação: grande parte dos grupos de profissionais beneficiados pelo atual sistema, embora garantam para si privilégios no setor público através de sua força política, são pessoas politicamente liberais, que para a Administração Pública defendem prevalência de equilíbrio entre oferta e demanda – desprezando, portanto, que milhares de interessados igualmente qualificados exerceriam as suas mesmas funções públicas com renda bem inferior.

Destarte, o povo, de quem emana o poder (art. 1º da Constituição Federal), como dito, em resumo, acaba empregando com altos salários pessoas pouco qualificadas ou que não cumprem a sua carga horária e com renda baixa outras pessoas bastante qualificadas e dedicadas, razão pela qual, além de praticar injustiça, não obtém prestação de serviço com qualidade que o poderia caso adotasse critério objetivo e proporcional para pagar seus servidores.

2. REMUNERAÇÃO PÚBLICA PROPORCIONAL

2.1 Alteração no atual sistema de remuneração por serviço público prestado como adequação à Constituição Federal

Lenza (2009, p. 48) leciona que a Constituição Federal de 1988 é promulgada, escrita, analítica, formal, dogmática, rígida, reduzida, eclética, pretende ser normativa, principiológica, garantia, dirigente social, expansiva.

Tais características teóricas ajudam a entender o que pensamos ter sido a intenção dos constituintes: na mesma Carta, garantir com a mesma e máxima força normativa os interesses de várias corporações.

Como na história geralmente tem ocorrido, os grupos profissionais com mais poder político foram mais tutelados pelos constituintes do que os com menos poder político. Por exemplo, em 1988 foram expressados na Constituição privilégios detalhados de juízes e omitidos direitos fundamentais de empregados domésticos.

Contudo, embora rígida etc., essa Constituição pode ser alterada para que as normas passem a ser adequadas às relações sociais e jurídicas contemporâneas. De 1988 até os dias atuais o mundo tem mudado bastante e com velocidade crescente. Para este trabalho, concentramo-nos em observar que manifestações, greves formais e informais (popularmente chamadas "brancas") atestam intensa insatisfação social quanto à remuneração por serviço público prestado. Insatisfação essa, aparentemente, da ampla maioria do povo. Por isso, a bem de regular adequadamente as presentes relações sociais, não resta dúvida da necessidade de alterações legislativas – como ora se propõe.

Afinal, pensamos, garantir no texto da Constituição privilégios para alguns poucos grupos e não assegurar direitos fundamentais da ampla maioria da população é conduta que retira substancialmente a democracia que a República Federativa do Brasil necessariamente deve ter (Preâmbulo e art. 1º da Constituição Federal).

Por este prisma, dentre outros fundamentos jurídicos relevantes, em nome de valores supremos insculpidos na Constituição Federal, como igualdade e segurança (art. 5º), adequação e proporcionalidade (Lenza, 2009), justiça e democracia (preâmbulo), moralidade, publicidade e eficiência (art. 37), urge se alterar os critérios teóricos e práticos para a definição de quanto pagar a quem trabalha com vínculo empregatício para servir à sociedade.

É preciso passar a considerar mais o interesse da sociedade brasileira do que o daqueles que para ela trabalham. Inclusive, se sobra dinheiro para a União pagar salário alto e falta dinheiro a Estados e Municípios, o próprio pacto federativo (divisão do dinheiro arrecadado no país) deveria ser revisto. Isso para viabilizar equilíbrio no pagamento por serviço público prestado nos diferentes entes federativos, acabando-se com a realidade de salários mais altos a funções pouco importantes e qualificadas na União (ex: a cargos que exigem Ensino Fundamental) do que a funções importantes e bastante qualificadas em Estados e Municípios (ex: a cargos que exigem curso superior).

Para exemplificar, se todos os cidadãos são filhos da mesma República e se a educação tem valor supremo, não existe uma só regra jurídica legitimamente prevalente para existir um professor com pós-graduação que leciona em rede pública ganhando menos do que um ascensorista em elevador de órgão público. As distorções estão sendo infinitas e eternas. Antes tarde do que nunca precisam ser corrigidas.

Nesse sentido, a fim de necessariamente adequar à Constituição Federal o atual sistema de remuneração por serviço público prestado, valemo-nos dos já citados valores supremos da Constituição, de fundamentos jurídicos diversos apontados ao longo desta pesquisa e apoiamo-nos também nas regras de hermenêutica constitucional, como de forma breve e objetiva passamos a expor.

2.1.1 *Mutação Constitucional: a hermenêutica fundamenta a tabela proposta*

Interpretam-se normas constitucionais e infraconstitucionais como, por exemplo, as legais. Tais normas são interpretadas, basicamente, através de métodos e de princípios. Nas palavras do mestre português Canotilho *apud* Lenza:

A interpretação das normas constitucionais é um conjunto de métodos, desenvolvidos pela doutrina e pela jurisprudência com base em critérios ou premissas (filosóficas, metodológicas, epistemológicas) diferentes mas, em geral, reciprocamente complementares (LENZA, 2009, p. 91).

Ao realizar essa nobre atividade jurídica que é a interpretação, o hermeneuta (sujeito que a realiza) considera a história, as ideologias, as realidades sociais, econômicas e políticas do Estado respectivo, definindo o verdadeiro significado do texto positivado. Ele deve considerar todo o sistema jurídico - que regula as relações sócio-políticas, econômicas etc. e por essas também é influenciado - (LENZA, 2009, p. 89). Como se vislumbra, tamanha é a importância da hermenêutica jurídica que é ela quem determina que um eventual conflito de normas (constitucionais ou não) será meramente aparente, por isso não havendo exclusão e sim preponderância de uma norma sobre a outra.

A suma importância da interpretação também decorre de sua estreita relação com a chamada mutação constitucional, eis que esta consiste em "alterações no significado e sentido interpretativo de um texto constitucional. A transformação não está no texto em si, mas na interpretação daquela regra enunciada. O texto permanece inalterado" (LENZA, 2009, p. 90).

Método de interpretação jurídica consiste no meio, na ordem, na maneira, no processo científico e racional utilizado pelo hermeneuta ao interpretar. O mestre português Canotilho tem feito escola na doutrina constitucionalista de muitos países. Para ele, a interpretação das normas jurídicas consiste na aplicação de um conjunto de métodos fundados em critérios de filosofia, epistemologia, entre outros, de maneira que entre tais métodos não ocorre exclusão alguma, mas sim complementação recíproca (LENZA, 2009, p. 91). Ele destaca, basicamente, seis métodos de interpretação, em seguida resumidamente expostos.

O método jurídico ou hermenêutico clássico prevê a interpretação jurídica através da aplicação de todos os métodos tradicionais. Para tanto, o hermeneuta descobriria o verdadeiro significado e sentido da norma valorando bastante o texto dela e raciocinando especialmente a partir de nove elementos: genético, para investigar a origem do conceito empregado pelo legislador; gramatical, filológico, literal ou semântico, quando considerado o texto normativo; lógico, a fim de estabelecer harmonia entre as normas; sistemático, ao se analisar todo o sistema jurídico pertinente; histórico, abrangendo o estudo do projeto de lei, a sua justificativa, motivos, pareceres, debates etc.; teleológico ou sociológico, com o fim de encontrar a finalidade da norma; popular, relevando o posicionamento de partidos políticos, sindicatos e entidades sociais, bem como considerando plebiscitos, referendos, recalls, vetos, entre outros; doutrinário, ao se basear em interpretação realizada pela doutrina; evolutivo, para analisar-se a norma objeto de interpretação segundo a mutação constitucional (LENZA, 2009, p. 92).

O método tópico-problemático é caracterizado especialmente pelo fato de a interpretação ocorrer de maneira a se partir de um problema concreto para a norma e, por conseguinte, solucionar-se um problema já concretizado, o que, naturalmente, exige um sistema aberto de regras e de princípios, que compõem a própria norma (LENZA, 2009, p. 92).

O método hermenêutico-concretizador é identificado pela característica de ser o inverso do método tópico-problemático, ou seja, por partir da norma para o problema concreto, sendo que o intérprete pode se valer de suas pré-compreensões (pressupostos subjetivos), pode utilizar a realidade social para efetuar a mediação entre a norma e o caso concreto (pressupostos objetivos), e também pode interagir os pressupostos objetivos e subjetivos a fim de compreender a norma, raciocínio denominado por Lenza (2009, p. 93) de "círculo hermenêutico".

Pelo método científico-espiritual, mais valem a realidade social e os valores subjacentes do texto constitucional do que este próprio, possibilitando uma interpretação dinâmica que compreende constantes renovações em razão da evolução das relações sociais. De acordo com Coelho apud Lenza (2009, p. 93) "tanto o direito quanto o Estado e a Constituição são vistos como fenômenos culturais ou fatos referidos a valores, a cuja realização eles servem de instrumento."

A seu turno, o método normativo-estruturante é marcado por considerar inexistente uma identidade total entre a norma jurídica e o texto normativo, razão pela qual analisa o teor da norma por meio de sua concretização na respectiva realidade social. Com efeito, essa realização da norma deve ocorrer tanto por atividade do legislador quanto do Judiciário, do Executivo e de todos mais que compuserem tal realidade social. Como resultado disso, segundo Coelho apud Lenza (2009, p. 93), "Em síntese, no dizer do próprio Müller, o teor literal de qualquer prescrição de direito positivo é apenas a 'ponta do iceberg'; todo o resto, talvez a parte mais significativa, que o intérprete-aplicador deve levar em conta para realizar o direito, isso é constituído pela situação normada, na feliz expressão de Miguel Reale".

Segundo o método da comparação constitucional, como o próprio nome indica, a interpretação jurídica deve se dar por meio de comparação de diversos ordenamentos. Observa Lenza (2009, p. 93) que "Partindo-se dos 4 métodos ou elementos desenvolvidos por Savigny (gramatical, lógico, histórico e sistemático), Peter Häberle sustenta a canonização da comparação constitucional como um quinto método de interpretação."

Já princípio de interpretação jurídica significa o fundamento lógico ou científico do raciocínio realizado pelo intérprete. Destarte, além de métodos, a hermenêutica jurídica se vale também de princípios. Dentre eles destacam-se os oito em seguida mencionados.

O princípio da unidade da Constituição representa a ideia de que a Constituição é una, indivisa. Por isso, ainda que seja vasta a subjetividade de suas normas (compostas por princípios expressos, implícitos e regras), eventuais antinomias sempre serão meramente aparentes e, em razão disso, deverão ser afastadas. Novamente segundo o ilustre mestre Canotilho apud Lenza (2009, p.94), "o princípio da unidade obrigado o intérprete a considerar a constituição na sua globalidade e a procurar harmonizar os espaços de tensão (...) existentes entre as normas constitucionais a concretizar (ex.: princípio do Estado de Direito e princípio democrático, princípio unitário e princípio da autonomia regional e local)."

O princípio do efeito integrador funda-se na ideia de que o êxito da organização civil, o alcance da paz social e a garantia de harmonia da vida em sociedade são conquistados especialmente através da implementação de integração política e social. Por esse motivo ensina Canotilho apud Lenza (2009, p. 95) que esse princípio prevê que "na resolução dos problemas jurídico-constitucionais deve dar-se primazia aos critérios ou pontos de vista que favoreçam a integração política e social e o reforço da unidade política", o que leva Lenza (2009) a observar que tal preceito está "Muitas vezes associado ao princípio da unidade."

O princípio da máxima efetividade das normas constitucionais também é conhecido como princípio da eficiência ou da interpretação efetiva, já que o seu conteúdo almeja dar à norma a efetividade social mais ampla possível. Canotilho apud Lenza informa que se trata de um princípio operativo em relação a todas e quaisquer normas constitucionais e, embora a sua origem esteja ligada à tese da atualidade das normas programáticas, é hoje invocado sobretudo no âmbito dos direitos fundamentais - no caso de dúvidas deve preferir-se a interpretação que reconheça maior eficácia aos direitos fundamentais (LENZA, 2009, p. 95).

Através do princípio da justeza ou da conformidade funcional, o intérprete da norma "não pode chegar a um resultado que subverta ou perturbe o esquema organizatório-funcional constitucionalmente estabelecido" (LENZA, 2009, p. 95).

O princípio da concordância prática ou harmonização prevê que os bens jurídicos constitucionalizados devem coexistir de forma harmônica na hipótese de eventual conflito ou concorrência entre eles, buscando-se, assim, evitar o sacrifício (total) de um princípio em relação ao outro em choque. O fundamento da ideia de concordância decorre da inexistência de hierarquia entre os princípios. (LENZA, 2009, p. 95).

O princípio da força normativa, apesar de assim intitulado, é definido por Pedro Lenza (2009, p. 96) como aquele que sentencia que "Os aplicadores da Constituição, ao solucionarem conflitos, devem conferir a máxima efetividade às normas constitucionais." De novo nas insubstituíveis palavras de Canotilho apud Lenza (2009, p. 96), "deve dar-se prevalência aos pontos de vista que (...) contribuem para uma eficácia ótima da lei fundamental. Consequentemente, deve dar-se primazia às soluções hermenêuticas que (...) possibilitam (...) eficácia e permanência."

O princípio da interpretação conforme a Constituição se constitui na necessidade de que, diante de normas plurissignificativas ou polissêmicas, que possuem mais de uma interpretação, seja realizada a interpretação que mais esteja de acordo com a Constituição. Desse modo o princípio ora em exame passa a ter várias dimensões: prevalência da Constituição; conservação de normas; exclusão de interpretação contra lei; espaço de interpretação; rejeição ou não aplicação de normas inconstitucionais; proibição de o intérprete atuar como legislador positivo (LENZA, 2009, p. 96-97).

O princípio da proporcionalidade ou da razoabilidade, que no tema deste trabalho é o mais importante, não está expressamente previsto na Constituição Federal brasileira, mas decorre da interpretação feita do conteúdo da expressa previsão do devido processo legal (art. 5º, LIV). Consiste, resumidamente, em se ponderar duas ou mais normas, fazendo com que, em relação a determinado caso, somente uma delas prevaleça em face das demais.

O preceito ora em tela tem a finalidade principal de legitimar, fiscalizar e possibilitar restrições de direitos. Igualmente denominado de princípio da razoabilidade, como cita Lenza (2009, p. 97), tem fundamento axiológico de "justiça, eqüidade, bom senso, prudência, moderação, justa medida, proibição de excesso", sendo, portanto, inevitavelmente utilizado no caso de aparente antinomia entre valores constitucionalizados. A proporcionalidade referida exige necessidade, assim entendida a indispensabilidade de restrição de determinada norma ou a impossibilidade de substituição de tal restrição por outra menos gravosa ao sujeito afetado; adequação, compreendida como a pertinência ou a idoneidade da restrição escolhida; e proporcionalidade em sentido estrito, vista como a análise confirmatória de que a norma protegida realmente se sobrepõe à outra restringida.

Desse modo, os métodos e princípios de hermenêutica citados nos permitem afirmar que deve haver urgentemente alteração no atual sistema de remuneração por serviço público prestado como adequação à Constituição Federal. Pois a história, a realidade sócio-política e econômica não permitem que o verdadeiro significado das normas subjetivas de uma nação inteira seja o de beneficiar de forma discrepante alguns poucos grupos profissionais.

Especificamente, para aqueles que eventualmente sustentem que haveria conflito de normas ao se adotar tabelas objetivas com remuneração proporcional, deveriam prevalecer as regras que beneficiam a maioria do povo. A mutação constitucional escancara que os poucos grupos amplamente beneficiados pelo texto constitucional de 1988 não podem seguir assim eternamente.

O método jurídico ou hermenêutico clássico, por sua vez, demonstra que não há lógica jurídica aceitável ao se pagar bem menos serviços mais importantes e qualificados do que outros secundários e prescindíveis, bem como que uma análise sistemática popular e evolutiva da legislação teoricamente democrática não pode concluir de forma tão diversa da vontade da maioria do povo.

O método tópico-problemático nos conduz da percepção desse problema de desigualdade, insegurança, injustiça etc. na fixação de remuneração pública para uma necessária solução pelas normas existentes.

O método hermenêutico-concretizador confirma essa nossa posição de que, diante da realidade social de insatisfação quanto ao mau uso do dinheiro público para pagar servidores do povo, as normas precisam ser interpretadas diferentemente do que o são atualmente.

O método científico-espiritual rechaça qualquer interpretação no sentido de que, frente a essa já relatada insatisfação social, prevaleça a vontade (poder político) de poucos grupos, como ocorreu no texto constitucional de 1988 até os dias de hoje.

Igualmente, o método normativo-estruturante afasta argumentos no sentido de que à realidade social e à vontade da ampla maioria do povo devam prevalecer privilégios dos grupos sociais insculpidos no texto da Constituição, já que a interpretação não pode ser resumir somente ao texto normativo em si.

Além disso, o método da comparação constitucional não deixa dúvida da necessidade de mudança, como ora se sugere, porquanto países desenvolvidos e ao Brasil tidos como modelo dividem o dinheiro público de forma mais equânime a quem presta serviço público, inclusive não remunerando funções que no Brasil são supervalorizadas, a exemplo dos vereadores, que chegam a gastar em torno de 5% do orçamento de municípios (art. 29-A da Constituição Federal).

Em igual sentido são os princípios de interpretação jurídica. O princípio da unidade da Constituição aponta a obrigação de o intérprete considerar a Constituição na sua globalidade e procurar harmonizar os espaços de tensão social, que são a citada insatisfação social.

O princípio do efeito integrador leva à interpretação das normas que gere integração sócio-política que, no caso de remuneração pública objetiva e proporcional fixada pela maioria do povo poderia até mesmo proporcionar o fim de greves e outros tantos benefícios a caminho da tão almejada paz social.

O princípio da máxima efetividade das normas constitucionais sustenta diretamente a posição de que os direitos fundamentais de igualdade, proporcionalidade, segurança, eficiência e outros aplicados ao serviço público e sua remuneração têm que prevalecer aos interesses das corporações que a si reservaram direitos expressos no texto de 1988.

O princípio da justeza ou da conformidade funcional, que como dito impede que interpretação jurídica subverta o esquema organizatório-funcional constitucionalmente estabelecido, garante que a sugerida nova interpretação do texto constitucional, para a fixação objetiva e proporcional de remuneração pública, não ultrapasse os limites dos direitos e das garantias fundamentais estabelecidos na Carta Magna.

O princípio da concordância prática ou harmonização, que se funda na necessidade de inexistência de conflito e de hierarquia ente princípios, assim como o princípio da justeza ou da conformidade funcional, afasta excessos na interpretação jurídica e garante a organização funcional da Constituição Federal, bem como, a contrario sensu, revela que eventual interpretação que mantenha os atuais privilégios e desigualdades não possa prevalecer à interpretação que sirva à ampla maioria do povo.

O princípio da força normativa, ao dar a máxima efetividade às normas constitucionais, possibilitando permanência, da mesma forma fundamenta a necessidade de adequação do atual sistema público remuneratório à Constituição Federal interpretada à luz da realidade social contemporânea. Pois aquilo que é contraditório tende a deixar de existir, segundo Hegel (WIKIPÉDIA, 2016), como é exatamente um texto constitucional que se funda em igualdade, justiça, segurança, dignidade etc., mas que prevê privilégios tão desiguais de pequenos grupos sociais em relação à maioria do povo.

O princípio da interpretação conforme a Constituição impede que o intérprete aja como legislador, o que dá segurança na adequação jurídica sugerida. Acreditamos que esse princípio também impeça que se criem normas constitucionais e infraconstitucionais que criem desigualdade entre os cidadãos brasileiros na área de direitos e garantias fundamentais. Por isso, por exemplo, não é válida a concessão de aumento a apenas uma categoria profissional, quando se reconhece que outras também a merecem e apenas não a recebem por falta de dinheiro público. Nesse caso, deveria haver divisão igualitária e proporcional da verba disponível.

O princípio da proporcionalidade, encerrando a fundamentação da adequação jurídica sugerida, ao proibir excesso nas normas, inequivocamente impede pagar ainda mais a quem já ganha bem enquanto outros estão desamparados justamente pela falta de dinheiro. Ou seja, havendo dinheiro, deve ser obedecido um critério objetivo, igual e proporcional para a distribuição dele, não havendo amparo jurídico para seguir a costumeira e antidemocrática concessão de aumento a quem tem mais poder político.

Diante desses diversos argumentos baseados em valores constitucionais supremos, em métodos e princípios de hermenêutica, bem como na realidade social contemporânea, é inevitável se considerar que todo o sistema jurídico tem limites, sejam objetivos, subjetivos, materiais, formais. No ponto ora tratado, a remuneração por prestação de serviço público, como não poderia deixar de ser, também existem limites, como o são o salário mínimo, os pisos salariais e o teto remuneratório.

E esse início de critério objetivo no atual sistema, diante das distorções por todos conhecidas e neste trabalho brevemente apontadas, deve ser desenvolvido a ponto de prevalecer a adequação das remunerações a critérios jurídicos objetivos, iguais, seguros, proporcinais, acabando-se com a aberração jurídica de adequação do cofre público aos anseios dos grupos com maior poder político, especialmente quando contrários à vontade da maioria do povo – teoricamente dono do dinheiro e titular do poder (art. 1º da Constituição Federal).

Após tais ponderações, estando claro que a atual prática contraria de forma inequívoca e obscura a atual teoria jurídica, bem como que o atual sistema precisa ser objeto de adequação jurídica, passamos a propor como solução duas tabelas de remuneração para o serviço público prestado por pessoa física com vínculo empregatício com o Estado.

2.2 Tabelas exemplificativas para remuneração pública proporcional

Diante de todo o exposto nesta pesquisa, muito embora as tabelas exemplificativas propostas certamente não sejam aprovadas com unanimidade (normal como tudo na vida e no mundo democrático, diga-se de passagem), com críticos apontando inconveniências possivelmente geradas por elas, acreditamos que consistem em instrumento bem mais eficaz na concretização do Estado Democrático de Direito brasileiro do que tem sido o atual sistema.

Como atualmente o sistema de remuneração por serviço público prestado se baseia em critérios imprecisos, como os do §1º do art. 39 da Constituição Federal, parâmetros que neste trabalho recebem nossas críticas, as duas tabelas que propomos a seguir de forma resumida e exemplificativa obviamente se baseiam em critérios claros, objetivos, menos desiguais, com proporcionalidade.

Tabela exemplificativa 1:

CARGO	GRAU DE TEMPO DE QUALIFICAÇÃO	GRAU DE INVESTIMENTO EM QUALIFICAÇÃO	GRAU DE RESPONSABILIDADE	ADICIONAL DE 1 A 3 PONTOS POR PENOSIDADE OU PERICULOSIDADE OU	TOTAL DE PONTOS OBTIDOS/ MÍNIMO PARA A FAIXA / FAIXA
Serviços diversos, sem exigência de escolaridade	1	1	1	-	3/3/**1**
Serviços diversos, com exigência de Ensino	1	1	1	-	3/3/**1**

Tabela com remuneração pública objetiva e proporcional – Vicente Zancan Frantz

Fundamental					
Lixeiro, faxineiro de banheiro público, com exigência de Ensino Fundamental	1	1	1	1	4/3/**1**
Serviços diversos, com exigência de Ensino Médio	4	2	1	-	7/6/**2**
Policial, com exigência de Ensino Médio	4	2	1	1	8/6/**2**
Técnico (com Ensino Médio) no Executivo, no Judiciário, no Legislativo	4	2	2	-	8/6/**2**
Vereador, com idade mínima de 18 anos	5	2	2	-	9/9/**3**
Serviços diversos, com exigência de Curso Superior	9	4	1	-	14/12/**4**
Serviços diversos, com exigência de Especialização	10	5	1	-	16/15/**5**
Analista (com curso superior) no Executivo, no Judiciário, no Legislativo	9	4	4	-	17/15/**5**
Serviços diversos, com exigência de Mestrado	11	5	1	-	17/15/**5**
Professor Universitário Mestre	11	5	4	-	20/18/**6**
Serviços diversos, com exigência de Doutorado	13	6	1	-	20/18/**6**

Tabela com remuneração pública objetiva e proporcional – Vicente Zancan Frantz

Serviços diversos, com exigência de Pós-Doutorado	14	7	1	-	22/21/**7**
Deputado Estadual, com idade mínima de 21 anos	8	4	10	-	22/21/**7**
Professor Universitário Doutor	13	6	4	-	23/21/**7**
					24/**8**
Médico clínico geral, com graduação de 6 anos	10	10	8	-	28/27/**9**
Prefeito, com idade mínima de 21 anos	8	4	16	-	28/27/**9**
Deputado Federal, com idade mínima de 21 anos	8	4	20	-	32/30/**10**
Médico especialista, com graduação de 6 anos e especialização de 3 anos	13	13	8	-	34/33/**11**
					36/**12**
Juiz de Direito, com curso superior e 3 anos de atividade jurídica	12	12	16	-	40/39/**13**
					42/**14**
Senador, com idade mínima de 35 anos	18	9	20	-	47/45/**15**
Desembargador, com curso superior e idade mínima de 30 anos	16	16	16	-	48/48/**16**
					51/**17**
Governador, com idade mínima de 30 anos	18	18	18	-	54/54/**18**
Ministro da República,	18	18	18	-	54/54/**18**

Tabela com remuneração pública objetiva e proporcional – Vicente Zancan Frantz

com idade mínima de 21 anos					
Ministro de Tribunal, com curso superior e idade mínima de 35 anos	18	18	18	-	54/54/**18**
					57/**19**
Ministro do STF, com idade mínima de 35 anos	20	20	20	-	60/60/**20**
Presidente da República, com idade mínima de 35 anos	20	20	20	-	60/60/**20**
Fonte: tabela elaborada pelo autor					

Observações: A) a tabela tem 20 faixas de remuneração, de forma que o maior salário será 20 vezes maior do que o menor; B) os critérios de grau de tempo de qualificação, grau de investimento em qualificação e grau de responsabilidade variam de 1 a 20 pontos cada um deles, sempre em números inteiros; C) conforme o total de pontos, define-se a faixa remuneratória, utilizando-se eventuais 2 pontos que excedam a faixa alcançada apenas na tabela 2, para fins de acréscimo proporcional a 1/3 ou a 2/3 da diferença entre a faixa alcançada e a seguinte; D) como no Brasil o Ensino Fundamental é obrigatório para a "formação básica do cidadão" (art. 208, I, da Constituição Federal, c/c art. 32 da Lei 9394/96), consideramos o Ensino Fundamental com grau de 1 ponto no tempo de qualificação, a partir dele sendo acrescido mais 1 ponto por cada ano de qualificação exigida para cada cargo, supondo Ensino Médio de 3 anos, após curso superior com 5 anos, em seguida especialização com 1 ou mestrado com 2 ou doutorado com 4 ou pós-doutorado com 5 anos; E) o grau de investimento em qualificação não diferenciou a formação em rede pública da privada; F) em regra, no grau investimento em qualificação foi atribuída metade dos pontos do grau do tempo (com arredondamento para menos), aumentando-se ou diminuindo-se o grau conforme a peculiaridade real, expressa, justificada e proporcional de cada cargo, a exemplo dos médicos, juízes, desembargadores, governadores, ministros, Presidente da República, cuja qualificação por nós foi considerada que exige o dobro do investimento da referida regra; G) o grau de responsabilidade é medido apenas com pontos 1 e demais números pares inteiros superiores até 20; H) na tabela, não foi considerado o costume de o Estado pagar mais a servidor por qualificação facultativa e posterior ao ingresso em função, por exemplo, curso superior a quem fez concurso para técnico, por se acreditar que ou certa qualificação é necessária e por isso deve ser exigida e por ela se paga ou não é necessária e por ela não se deve pagar, de modo que essa indefinição da (des)necessidade de determinada qualificação para certa função causa prejuízo ao servidor (ex: técnico qualificado como analista recebe mais como técnico) ou ao Estado (ex: necessita técnico e por mais), bem como em sentido inverso causa enriquecimento sem causa de servidor (ex: técnico, por ter curso superior) ou do Estado (ex: considera relevante servidor com curso superior, mas faz concurso para técnico, gastando menos com a gratificação por curso superior do que gastaria com um analista); l) na tabela, em serviços diversos, com exigência de mestrado ou doutorado, a atribuição de pontos 1 e 2 no grau de investimento em qualificação dificilmente ocorreria na prática e se deu apenas para facilitar a compreensão progressiva da tabela.

Tabela exemplificativa 2, com R$ 1.500,00 por faixa remuneratória:

FAIXA REMUNERATÓRIA	REMUNERAÇÃO PROPORCIONAL DA FAIXA	ADICIONAL DE 1 PONO À FAIXA	ADICIONAL DE 2 PONTOS À FAIXA	ADICIONAL POR ANOS DE SERVIÇO X 2% SOBRE A	REMUNERAÇÃO TOTAL
1	R$ 1.500,00				
2	R$ 3.000,00				
3	R$ 4.500,00				
4	R$ 6.000,00				
5	R$ 7.500,00				
6	R$ 9.000,00				

Tabela com remuneração pública objetiva e proporcional – Vicente Zancan Frantz

7	R$ 10.500,00				
8	R$ 12.000,00				
9	R$ 13.500,00				
10	R$ 15.000,00				
11	R$ 16.500,00				
12	R$ 18.000,00				
13	R$ 19.500,00				
14	R$ 21.000,00				
15	R$ 22.500,00				
16	R$ 24.000,00				
17	R$ 25.500,00				
18	R$ 27.000,00				
19	R$ 28.500,00				
20	R$ 30.000,00				
Exemplo de cargo / faixa remuneratória					

Tabela com remuneração pública objetiva e proporcional – Vicente Zancan Frantz

Cargo					Total
Lixeiro, faxineiro de banheiro público, com exigência de Ensino Fundamental / 1	R$ 1.500,00	R$ 500,00	-	5 anos de serviço x 2% = 10% (R$ 150,00)	R$ 2.150,00
Policial, com exigência de Ensino Médio / 2	R$ 3.000,00	-	R$ 1.000,00	-	R$ 4.000,00
Vereador, com idade mínima de 18 anos / 3	R$ 4.500,00	-	-	-	R$ 4.500,00
Técnico (com Ensino Médio) no Executivo, no Judiciário, no Legislativo / 2	R$ 3.000,00	-	R$ 1.000,00	25 anos de serviço x 2% = 50% (R$ 1.500,00)	R$ 5.500,00
Analista (com curso superior) no Executivo, no Judiciário, no Legislativo / 5	R$ 7.500,00	-	R$ 1.000,00	-	R$ 8.500,00
Professor Universitário Mestre / 6	R$ 9.000,00	-	R$ 1.000,00	-	R$ 10.000,00
Deputado Estadual, com idade mínima de 21 anos / 7	R$ 10.500,00	R$ 500,00	-	-	R$ 11.000,00
Professor	R$	-	R$	-	R$

Tabela com remuneração pública objetiva e proporcional – Vicente Zancan Frantz

Universitário Doutor / 7	10.500,00		1.000,00		11.500,00
Médico clínico geral, com graduação de 6 anos / 9	R$ 13.500,00	R$ 500,00	-	-	R$ 14.000,00
Prefeito, com idade mínima de 21 anos / 9	R$ 13.500,00	R$ 500,00	-	-	R$ 14.000,00
Deputado Federal, com idade mínima de 21 anos / 10	R$ 15.000,00	-	R$ 1.000,00	-	R$ 16.000,00
Médico especialista, com graduação de 6 anos e especialização de 3 anos / 11	R$ 16.500,00	R$ 500,00	-	-	R$ 17.000,00
Juiz de Direito, com curso superior e 3 anos de atividade jurídica / 13	R$ 19.500,00	R$ 500,00	-	-	R$ 20.000,00
Senador, com idade mínima de 35 anos / 15	R$ 22.500,00	-	R$ 1.000,00	-	R$ 23.500,00
Desembargador, com curso superior e idade	R$ 24.000,00	-	-	-	R$ 24.000,00

Tabela com remuneração pública objetiva e proporcional – Vicente Zancan Frantz

mínima de 30 anos / 16					
Governador, com idade mínima de 30 anos / 17	R$ 25.500,00	R$ 500,00	-	-	R$ 26.000,00
Ministro da República, com idade mínima de 21 anos / 17	R$ 25.500,00	R$ 500,00	-	-	R$ 26.000,00
Ministro de Tribunal, com curso superior e idade mínima de 35 anos	R$ 25.500,00	R$ 500,00	-	-	R$ 26.000,00
Ministro do STF, com idade mínima de 35 anos	R$ 30.000,00	-	-	-	R$ 30.000,00
Presidente da República, com idade mínima de 35 anos	R$ 30.000,00	-	-	-	R$ 30.000,00
Fonte: tabela elaborada pelo autor					

Observações: A) como a faixa 1 é mínima e paga R$1.500,00, caso um servidor nela classificado trabalhe 30 anos, terá 2% de acréscimo por ano trabalhado, recebendo, assim, 60% de adicional no 30º ano de serviço, com remuneração total de R$ 2.400,00; B) como a faixa 20 é máxima e paga R$ 30.000,00, caso um servidor fosse nela classificado e trabalhasse 30 anos, teria 2% de acréscimo por ano trabalhado e receberia, assim, 60% de adicional no 30º ano de serviço, com remuneração total de R$ 48.000,00; C) definida a faixa remuneratória, utilizam-se eventuais 2 pontos que excedam a faixa alcançada para fins de acréscimo proporcional a 1/3 (R$ 500,00) ou a 2/3 (R$ 1.000,00) da diferença entre a faixa alcançada e a seguinte.

Por fim, sugerimos que cargos em comissão (de confiança), por aumentarem a responsabilidade, já que se destinam a atribuições de "direção, chefia e assessoramento" (art. 37, V, da Constituição Federal), aumentem de 1 a 5 pontos o grau de responsabilidade já tido pelo servidor.

2.3 Possíveis procedimentos de definição da Tabela para remuneração pública proporcional

Como já exposto, a remuneração no serviço público é fixada através de lei, cuja iniciativa é privativa de uma ou outra autoridade, dependendo do caso. Desse modo, para se garantir a constitucionalidade da iniciativa ora proposta, pensamos que a forma jurídica de definição da tabela pode se dar através de emenda constitucional, como já ocorreu com as emendas nº 19/1998, nº 41/2003, nº 47/2005.

Tais leis de iniciativa privada podem definir outras questões que com a tabela com força constitucional não sejam contrárias. Por exemplo, o número e a espécie de cargo para a realização de cada serviço (ex: iniciativa do chefe de cada Poder) ou mesmo a atualização (ex: iniciativa do Congresso Nacional) ou o aumento do valor da faixa 1 da tabela (ex: votação pelo povo), para que todas as demais faixas sigam proporcionalmente a alteração desse valor, impedindo-se que apenas um grupo de cidadãos se beneficie.

Além do mais, como um dos principais fundamentos da tabela é a democracia, bem como que esta atualmente pode ser exercida mais diretamente através do uso da tecnologia, por exemplo, para o povo manifestar sua opinião pela internet, não temos dúvida de que será bastante adequado que modelos de diferentes tabelas sejam apresentados aos brasileiros, que escolherão por maioria a que mais lhe agradar.

Outra possibilidade é a realização de eleição para que o povo vote em quesitos, a exemplo dos seguintes: 1) A diferença da menor para a maior remuneração no serviço público deve ser de 10, 20 ou 30 vezes? 2) Cada faixa de remuneração deve equivaler a 1 salário mínimo, R$ 1.000,00 ou R$ 1.500,00? 3) Mandatos eletivos, como de vereador, deputado, senador, prefeito, governador e Presidente da República, que não são carreiras profissionais, devem ter suas remunerações inclusas na tabela proporcional ou tais remunerações devem ser votadas diretamente pelo povo a cada eleição para o mandato seguinte? 4) O adicional por ano de serviço prestado deve ser de 1%, 2% ou 3%?

Atualmente são muitas as denominações de

cargos, provavelmente, aliás, para permitir remuneração desigual. E a ideia da tabela é proporcionar avanços democráticos como objetividade e igualdade nessa área. Portanto, considerando que a realidade demonstra que a qualificação profissional exigida não varia tanto, restringindo-se basicamente à formação de auxiliar, técnico, analista, analista com tempo de serviço ou cidadão com tempo de experiência de vida, temos convicção de que no fim das contas não existe benefício ao povo para se fazer mais divisões de categorias profissionais do que essas apontadas.

Como se vislumbra, existe possibilidade fática e jurídica para que a tabela de remuneração pública proporcional seja existente, válida e eficaz. A propósito, nem direito adquirido prevalece frente à norma constitucional, uma vez que o art. 5º, XXXVI, proíbe apenas que "a lei não prejudicará o direito adquirido" – e não uma emenda constitucional em consonância com os valores mais supremos da Constituição Federal da República Federativa do Brasil, mormente por ser definida por voto direto da maioria do povo.

2.4 Efeitos teóricos e práticos de definição da Tabela para remuneração pública proporcional

A remuneração por trabalho prestado é um dos temas mais polêmicos da História. Então, não temos a pretensão de pacificar todos os mais diversos entendimentos. Entretanto, justamente por estarmos regidos pela Democracia, deve prevalecer a vontade da maioria e, se assim o for, a presente ideia deve ser adotada. Por mais que o efeito prático inicial provavelmente seja um amplo debate social.

Sabe–se que os orçamentos da União, dos Estados, do Distrito Federal e dos Municípios possuem capacidade bem diversa para pagar seus servidores. Por isso é que, não havendo dinheiro para pagar servidores como sugerido na tabela ora apresentada, como já mencionado antes, uma solução que nos parece adequada seria a revisão do pacto federativo (alteração dos critérios para divisão do dinheiro público arrecadado no país).

Em caso negativo dessa reformulação do pacto, desde já registramos outra sugestão: efetuar o cálculo do percentual que representa o dinheiro disponível de um ente federativo para pagamento de pessoal em relação ao valor total que seria necessário para pagar conforme a tabela proposta e assim se pagar a cada servidor apenas esse percentual encontrado em relação ao que ele ganharia de acordo com a tabela. Por exemplo, se um município precisaria de R$ 10 milhões para pagar todos os seus servidores de acordo com a tabela remuneratória e tem disponíveis apenas R$ 5 milhões, cada servidor deve receber exatamente a metade do que pela tabela receberia.

Essa solução assegura igualdade, objetividade, segurança, democracia, proporcionalidade etc. nos pagamentos, evitando as distorções por todos conhecidas, como por exemplo negar aumento a milhares de professores por falta de dinheiro público, mas conceder aumento a aproximadamente 10 secretários municipais ou vereadores ou ocupantes de cargos em comissão (de confiança).

Outro ponto importante: caso essa tabela ou outra com lógica semelhante não for adotada oficialmente, permanecendo o sistema atual através do qual a definição de remuneração e aumento ocorre especialmente por força política de cada categoria profissional, sugere-se que pelo menos a União, os Estados, o Distrito Federal e os Municípios criem informalmente a sua própria tabela com base em seus critérios políticos e passem a conceder aumento apenas aos cargos que remuneram com menos do que a tabela o faria.

Essa estratégia, independentemente do critério adotado para a definição da tabela, simplesmente por esta ser usada, garantiria no mínimo objetividade, segurança, transparência, proporcionalidade – vantagens já bastante significativas em relação ao atual sistema.

É preciso também mencionar a hipótese de, dependendo da forma jurídica que instituir a tabela proposta, surgir o argumento de que a Lei de Responsabilidade Fiscal ou norma equivalente proíba o gasto decorrente da tabela. Esse impedimento, na pior das hipóteses, se a tabela em si não tiver força normativo-jurídica para prevalecer, deve ser contornado com o pagamento dos valores previstos na tabela de modo proporcional ao dinheiro disponível de acordo com as regras fiscais prevalentes.

Outrossim, não podemos deixar de registrar de forma expressa uma atitude que todo o conjunto deste trabalho sugere: ações judiciais ou coletivas para condenar os entes públicos a pagarem vencimentos iguais aos servidores iguais, com base na igualdade do art. 5º da Constituição Federal de 1988, valor supremo e cláusula pétrea da Carta Magna. Como já dito, por mais que a EC nº 19/1998 tenha retirado o termo "isonomia" do art. 39, XIII, da CF, essa igualdade (isonomia) segue existindo como cláusula pétrea e teoricamente não permite que recebam remuneração diferente servidores com a mesma qualificação, ainda mais quando prestam serviço público ao mesmo ente estatal.

Pois essa desigualdade existente na prática, na verdade, trata-se de mera aberração jurídica, já que não encontra base legal nem no art. 39, §1º, da Constituição, nem em outra norma existente, válida e eficaz. Em termos jurídicos, a força política dos grupos profissionais beneficiados pode ser usada apenas em eleição regular na qual democraticamente prevaleça a vontade da maioria do povo.

A pressão que diariamente tais grupos exercem é nitidamente inconstitucional: levam à aplicação prática distorcida (desigual, obscura, desproporcional, insegura etc.) da legislação existente, causam ilegitimidade na representação dos candidatos eleitos pela maioria da população, em detrimento de quem os mandatos eletivos acabam sendo exercidos.

Análise lúcida dessa situação deve concluir que essa dita pressão política, que muitos chamam de *lobby*, é forma direta de subversão do Estado Democrático de Direito ou no mínimo uma apologia à subversão. São "crimes legalizados, institucionalizados", que geram lucro fácil e múltiplas vantagens indevidas. Resquícios de tempos monárquicos em que havia benefícios aos amigos do rei, os quais atualmente sangram de forma contínua e mortal a nossa pretensa democracia. É preciso igualdade e regularidade democrática já!

Enfim: em teoria, a adoção da tabela proposta efetiva valores constitucionais supremos, repete-se, como igualdade e segurança (art. 5º), adequação e proporcionalidade (Lenza, 2009), justiça e democracia (preâmbulo), moralidade, publicidade e eficiência (art. 37); na prática, além da confirmação de tal teoria, acreditamos convictamente em que o maior efeito será a realização da paz social.

Noutras palavras, a adoção da tabela para remuneração pública proporcional é caminho necessário para, obedecendo ao preâmbulo da Constituição Federal, instituir-se um

> "Estado Democrático, destinado a assegurar o exercício dos direitos sociais e individuais, a liberdade, a segurança, o bem-estar, o desenvolvimento, a igualdade e a justiça como valores supremos de uma sociedade fraterna, pluralista e sem

preconceitos, fundada na harmonia social e comprometida, na ordem interna e internacional, com a solução pacífica das controvérsias" (BRASIL, 2016).

Eis a solução jurídica que vislumbramos para o gravíssimo conflito jurídico, social, político e econômico tratado.

CONCLUSÃO

No presente trabalho, constatou-se que, na prática, a prestação de serviço público com vínculo empregatício é remunerada sem observância de valores supremos da Constituição Federal: igualdade e segurança (art. 5º), adequação e proporcionalidade (Lenza, 2009), justiça e democracia (preâmbulo), moralidade, publicidade e eficiência (art. 37).

Verificou-se que o critério atualmente utilizado para se remunerar por serviço público prestado (art. 39, §1º, da Constituição Federal) causa insatisfação de empregados, de empregadores, gera muitas greves e prejuízos individuais e sociais.

Por isso, criou-se uma tabela exemplificativa com remuneração pública objetiva e proporcional, sugerindo-se alterações legislativas e hermenêuticas. Além disso, recomendaram-se procedimentos para a definição dessa tabela, bem como se estimaram os efeitos teóricos e práticos que seriam gerados com tal alteração jurídica.

A presente pesquisa foi intitulada "Tabela com Remuneração Pública Objetiva e Proporcional", que é o cerne do resultado do estudo ora em tela. Criou-se um método para definir a quantia e o critério para se remunerar o serviço público prestado com vínculo empregatício que, aplicado, enfim, torna adequado o pagamento de pessoal à Constituição Federal e realiza o Estado Democrático de

Direito contemporâneo.

Tabela com remuneração pública objetiva e proporcional – Vicente Zancan Frantz

REFERÊNCIAS

ASSOCIAÇÃO NACIONAL DOS ANALISTAS JUDICIÁRIOS DA UNIÃO. **Salário médio do Judiciário é o maior dos Três Poderes?** Disponível em: <http://anajus.jusbrasil.com.br/noticias/2259299/salario-medio-do-judiciario-e-o-maior-dos-tres-poderes>. Acesso em 21 fev. 2016.

BARROSO, Luís Roberto. **Reafirmada competência de Tribunal de Justiça para julgar greve de servidores**. Disponível em: <http://www.stf.jus.br/portal/cms/verNoticiaDetalhe.asp?idConteudo=302566>. Acesso em: 21 fev. 2016.

BOSCARDIN, Eliane de Fátima. **Servidor Público: um enfoque para a atualidade**. Disponível em: <http://www.assojafpr.org.br/img/doc/servidor_publico_20110113.pdf>. Acesso em: 20 fev. 2016.

BRASIL. **Constituição Federal**. Disponível em: <http://www.planalto.gov.br/ccivil_03/Constituicao/Constituicao.htm>. Acesso em: 21 fev. 2016.

BRASIL. **Código Penal**. Disponível em: <http://www.planalto.gov.br/ccivil_03/decreto-lei/Del2848compilado.htm>. Acesso em: 21 fev. 2016.

COMUNIDADE HARDWARE. **Remuneração é maior causa de insatisfação de profissionais**. Disponível em: <http://www.hardware.com.br/comunidade/remuneracao-insatisfacao/1131638/>. Acesso em 21 fev. 2016.

DI PIETRO, Maria Sylvia Zanella. **Direito Administrativo**. 15 ed. São Paulo: Atlas, 2003.

INFOMONEY. **Causas da insatisfação: veja 15 erros fatais cometidos pelas empresas**. Disponível em: <http://www.infomoney.com.br/minhas-financas/noticia/1454458/causas-insatisfa-ccedil-atilde-veja-erros-fatais-cometidos-pelas-empresas>. Acesso em 21 fev. 2016.

INSTITUTO NACIONAL DO SEGURO SOCIAL (INSS). **Concurso público para provimento de vagas nos cargos de analista do seguro social e de técnico do seguro social edital nº 1 – INSS, de 22 de dezembro de 2015**. Disponível em: <https://site.pciconcursos.com.br/arquivo/1341943.pdf>. Acesso em 22 fev. 2016.

LENZA, Pedro. **Direito Constitucional Esquematizado**. 13 ed. São Paulo: Saraiva, 2009.

MAZZA, Alexandre. **Manual de Direito Administrativo**. 2 ed. São Paulo: Saraiva, 2012.

OLIVEIRA, Mariana. **Negociação do reajuste de servidores será retomada nesta quinta, diz STF**. Disponível em: <http://g1.globo.com/politica/noticia/2015/07/negociacao-do-reajuste-de-servidores-sera-retomada-nesta-quinta-diz-stf.html>. Acesso em 21 fev. 2016.

ORDEM DOS ADVOGADOS DO BRASIL – SECCIONAL DO MARANHÃO. **Maior salário do Executivo equivale a 63 salários mínimos**. Disponível em: <http://oab-ma.jusbrasil.com.br/noticias/907282/maior-salario-do-executivo-equivale-a-63-salarios-minimos>. Acesso em 21 fev. 2016.

PCI CONCURSOS. **Lista de concursos com inscrições abertas**. Disponível em: <https://www.pciconcursos.com.br/concursos>. Acesso em: 29 fev. 2016.

PINTO, Paulo Silva. **PEC que eleva salários de servidores tira o sono do governo Dilma**. Disponível em: <http://www.em.com.br/app/noticia/politica/2015/08/06/interna_politica,675745/pec-que-eleva-salarios-de-servidores-tira-o-sono-do-governo-dilma.shtml>. Acesso em 21 fev. 2016.

SOUZA, Wagner José de. **Como surgiu a figura do servidor público!** Disponível em: <http://www.ugt.org.br/index.php/post/6437-Como-surgiu-a-figura-do-servidor-publico>. Acesso em: 21 fev. 2016.

UNIVERSIDADE FEDERAL DO PARANÁ. **Edital n.º 042/16 – PROGEPE**. Disponível em: <https://site.pciconcursos.com.br/arquivo/1347323.pdf>. Acesso em: 22 fev. 2016.

WIKIPÉDIA. **Devir**. Disponível em: <https://pt.wikipedia.org/wiki/Devir>. Acesso em: 29 fev. 2016.

www.ingramcontent.com/pod-product-compliance
Lightning Source LLC
Chambersburg PA
CBHW060418190526
45169CB00002B/962